CHECKREGISTER

CHECK REGISTER

MONTH _____

NO.	DATE	DESCRIPTION	CREDIT (+)	DEBIT (-)	BALANCE

CHECK REGISTER

MONTH _____

NO.	DATE	DESCRIPTION	CREDIT (+)	DEBIT (-)	BALANCE

CHECK REGISTER

MONTH _____

NO.	DATE	DESCRIPTION	CREDIT (+)	DEBIT (-)	BALANCE

CHECK REGISTER

MONTH _____

NO.	DATE	DESCRIPTION	CREDIT (+)	DEBIT (-)	BALANCE

CHECK REGISTER

MONTH _____

NO.	DATE	DESCRIPTION	CREDIT (+)	DEBIT (-)	BALANCE

CHECK REGISTER   MONTH _____

NO.	DATE	DESCRIPTION	CREDIT (+)	DEBIT (-)	BALANCE

CHECK REGISTER

MONTH _____

NO.	DATE	DESCRIPTION	CREDIT (+)	DEBIT (-)	BALANCE

CHECK REGISTER

MONTH _____

NO.	DATE	DESCRIPTION	CREDIT (+)	DEBIT (-)	BALANCE

CHECK REGISTER

MONTH _____

NO.	DATE	DESCRIPTION	CREDIT (+)	DEBIT (-)	BALANCE

CHECK REGISTER

MONTH _____

NO.	DATE	DESCRIPTION	CREDIT (+)	DEBIT (-)	BALANCE

CHECK REGISTER

MONTH _____

NO.	DATE	DESCRIPTION	CREDIT (+)	DEBIT (-)	BALANCE

CHECK REGISTER

MONTH _____

NO.	DATE	DESCRIPTION	CREDIT (+)	DEBIT (-)	BALANCE

CHECK REGISTER

MONTH _____

NO.	DATE	DESCRIPTION	CREDIT (+)	DEBIT (-)	BALANCE

CHECK REGISTER

MONTH _____

NO.	DATE	DESCRIPTION	CREDIT (+)	DEBIT (-)	BALANCE

CHECK REGISTER

MONTH _____

NO.	DATE	DESCRIPTION	CREDIT (+)	DEBIT (-)	BALANCE

CHECK REGISTER

NO.	DATE	DESCRIPTION	CREDIT (+)	DEBIT (-)	BALANCE

CHECK REGISTER

MONTH _____

NO.	DATE	DESCRIPTION	CREDIT (+)	DEBIT (-)	BALANCE

CHECK REGISTER

MONTH _____

NO.	DATE	DESCRIPTION	CREDIT (+)	DEBIT (-)	BALANCE

CHECK REGISTER

MONTH _____

NO.	DATE	DESCRIPTION	CREDIT (+)	DEBIT (-)	BALANCE

CHECK REGISTER

MONTH _____

NO.	DATE	DESCRIPTION	CREDIT (+)	DEBIT (-)	BALANCE

CHECK REGISTER

MONTH _____

NO.	DATE	DESCRIPTION	CREDIT (+)	DEBIT (-)	BALANCE

CHECK REGISTER

MONTH _____

NO.	DATE	DESCRIPTION	CREDIT (+)	DEBIT (-)	BALANC.

CHECK REGISTER

MONTH _____

NO.	DATE	DESCRIPTION	CREDIT (+)	DEBIT (-)	BALANCE

CHECK REGISTER

MONTH _____

NO.	DATE	DESCRIPTION	CREDIT (+)	DEBIT (-)	BALANCE

CHECK REGISTER

MONTH _____

NO.	DATE	DESCRIPTION	CREDIT (+)	DEBIT (-)	BALANCE

CHECK REGISTER

MONTH _____

NO.	DATE	DESCRIPTION	CREDIT (+)	DEBIT (-)	BALANCE

CHECK REGISTER

MONTH _____

NO.	DATE	DESCRIPTION	CREDIT (+)	DEBIT (-)	BALANCE

CHECK REGISTER

MONTH _____

NO.	DATE	DESCRIPTION	CREDIT (+)	DEBIT (-)	BALANCE

CHECK REGISTER

MONTH _____

NO.	DATE	DESCRIPTION	CREDIT (+)	DEBIT (-)	BALANCE

CHECK REGISTER

MONTH _____

NO.	DATE	DESCRIPTION	CREDIT (+)	DEBIT (-)	BALANCE

CHECK REGISTER

MONTH _____

NO.	DATE	DESCRIPTION	CREDIT (+)	DEBIT (-)	BALANCE

CHECK REGISTER

MONTH _____

NO.	DATE	DESCRIPTION	CREDIT (+)	DEBIT (-)	BALANCE

CHECK REGISTER

MONTH _____

NO.	DATE	DESCRIPTION	CREDIT (+)	DEBIT (-)	BALANCE

CHECK REGISTER

MONTH _____

NO.	DATE	DESCRIPTION	CREDIT (+)	DEBIT (-)	BALANCE

CHECK REGISTER

MONTH _____

NO.	DATE	DESCRIPTION	CREDIT (+)	DEBIT (-)	BALANCE

CHECK REGISTER

MONTH _____

NO.	DATE	DESCRIPTION	CREDIT (+)	DEBIT (-)	BALANCE

CHECK REGISTER

MONTH _____

NO.	DATE	DESCRIPTION	CREDIT (+)	DEBIT (-)	BALANCE

CHECK REGISTER

MONTH _____

NO.	DATE	DESCRIPTION	CREDIT (+)	DEBIT (-)	BALANCE

CHECK REGISTER

MONTH _____

NO.	DATE	DESCRIPTION	CREDIT (+)	DEBIT (-)	BALANCE

CHECK REGISTER

MONTH _____

NO.	DATE	DESCRIPTION	CREDIT (+)	DEBIT (-)	BALANC

CHECK REGISTER

MONTH _____

NO.	DATE	DESCRIPTION	CREDIT (+)	DEBIT (-)	BALANCE

CHECK REGISTER

MONTH _____

NO.	DATE	DESCRIPTION	CREDIT (+)	DEBIT (-)	BALANCE

CHECK REGISTER

MONTH _____

NO.	DATE	DESCRIPTION	CREDIT (+)	DEBIT (-)	BALANCE

CHECK REGISTER

MONTH _____

NO.	DATE	DESCRIPTION	CREDIT (+)	DEBIT (-)	BALANCE

CHECK REGISTER

MONTH _____

NO.	DATE	DESCRIPTION	CREDIT (+)	DEBIT (-)	BALANCE

CHECK REGISTER

MONTH _____

NO.	DATE	DESCRIPTION	CREDIT (+)	DEBIT (-)	BALANC

CHECK REGISTER

MONTH _____

NO.	DATE	DESCRIPTION	CREDIT (+)	DEBIT (-)	BALANCE

CHECK REGISTER

MONTH _____

NO.	DATE	DESCRIPTION	CREDIT (+)	DEBIT (-)	BALANCE

CHECK REGISTER

MONTH _____

NO.	DATE	DESCRIPTION	CREDIT (+)	DEBIT (-)	BALANCE

CHECK REGISTER

MONTH _____

NO.	DATE	DESCRIPTION	CREDIT (+)	DEBIT (-)	BALANCE

CHECK REGISTER

MONTH _____

NO.	DATE	DESCRIPTION	CREDIT (+)	DEBIT (-)	BALANCE

CHECK REGISTER

MONTH _____

NO.	DATE	DESCRIPTION	CREDIT (+)	DEBIT (-)	BALANCE

CHECK REGISTER

MONTH _____

NO.	DATE	DESCRIPTION	CREDIT (+)	DEBIT (-)	BALANCE

CHECK REGISTER

MONTH _____

NO.	DATE	DESCRIPTION	CREDIT (+)	DEBIT (-)	BALANCE

CHECK REGISTER

MONTH _____

NO.	DATE	DESCRIPTION	CREDIT (+)	DEBIT (-)	BALANCE

CHECK REGISTER

MONTH _____

NO.	DATE	DESCRIPTION	CREDIT (+)	DEBIT (-)	BALANCE

CHECK REGISTER

MONTH _____

NO.	DATE	DESCRIPTION	CREDIT (+)	DEBIT (-)	BALANCE

CHECK REGISTER

MONTH _____

NO.	DATE	DESCRIPTION	CREDIT (+)	DEBIT (-)	BALANCE

CHECK REGISTER

MONTH _____

NO.	DATE	DESCRIPTION	CREDIT (+)	DEBIT (-)	BALANCE

CHECK REGISTER

MONTH _____

NO.	DATE	DESCRIPTION	CREDIT (+)	DEBIT (-)	BALANCE

CHECK REGISTER

MONTH _____

NO.	DATE	DESCRIPTION	CREDIT (+)	DEBIT (-)	BALANCE

CHECK REGISTER

MONTH _____

NO.	DATE	DESCRIPTION	CREDIT (+)	DEBIT (-)	BALANCE

CHECK REGISTER

MONTH _____

NO.	DATE	DESCRIPTION	CREDIT (+)	DEBIT (-)	BALANCE

CHECK REGISTER

MONTH _____

NO.	DATE	DESCRIPTION	CREDIT (+)	DEBIT (-)	BALANC

CHECK REGISTER

MONTH _____

NO.	DATE	DESCRIPTION	CREDIT (+)	DEBIT (-)	BALANCE

CHECK REGISTER

MONTH _____

NO.	DATE	DESCRIPTION	CREDIT (+)	DEBIT (-)	BALANCE

CHECK REGISTER

MONTH _____

NO.	DATE	DESCRIPTION	CREDIT (+)	DEBIT (-)	BALANCE

CHECK REGISTER

MONTH _____

NO.	DATE	DESCRIPTION	CREDIT (+)	DEBIT (-)	BALANCE

CHECK REGISTER

MONTH _____

NO.	DATE	DESCRIPTION	CREDIT (+)	DEBIT (-)	BALANCE

CHECK REGISTER

MONTH _____

NO.	DATE	DESCRIPTION	CREDIT (+)	DEBIT (-)	BALANC

CHECK REGISTER

MONTH _____

NO.	DATE	DESCRIPTION	CREDIT (+)	DEBIT (-)	BALANCE

CHECK REGISTER

MONTH _____

NO.	DATE	DESCRIPTION	CREDIT (+)	DEBIT (-)	BALANCE

CHECK REGISTER

MONTH _____

NO.	DATE	DESCRIPTION	CREDIT (+)	DEBIT (-)	BALANCE

CHECK REGISTER

MONTH _____

NO.	DATE	DESCRIPTION	CREDIT (+)	DEBIT (-)	BALANCE

CHECK REGISTER

MONTH _____

NO.	DATE	DESCRIPTION	CREDIT (+)	DEBIT (-)	BALANCE

CHECK REGISTER

MONTH _____

NO.	DATE	DESCRIPTION	CREDIT (+)	DEBIT (-)	BALANC

CHECK REGISTER

MONTH _____

NO.	DATE	DESCRIPTION	CREDIT (+)	DEBIT (-)	BALANCE

CHECK REGISTER

MONTH _____

NO.	DATE	DESCRIPTION	CREDIT (+)	DEBIT (-)	BALANCE

CHECK REGISTER

MONTH _____

NO.	DATE	DESCRIPTION	CREDIT (+)	DEBIT (-)	BALANCE

CHECK REGISTER

MONTH _____

NO.	DATE	DESCRIPTION	CREDIT (+)	DEBIT (-)	BALANCE

CHECK REGISTER

MONTH _____

NO.	DATE	DESCRIPTION	CREDIT (+)	DEBIT (-)	BALANCE

CHECK REGISTER

MONTH _____

NO.	DATE	DESCRIPTION	CREDIT (+)	DEBIT (-)	BALANC

CHECK REGISTER

MONTH _____

NO.	DATE	DESCRIPTION	CREDIT (+)	DEBIT (-)	BALANCE

CHECK REGISTER

MONTH _____

NO.	DATE	DESCRIPTION	CREDIT (+)	DEBIT (-)	BALANCE

CHECK REGISTER

MONTH _____

NO.	DATE	DESCRIPTION	CREDIT (+)	DEBIT (-)	BALANCE

CHECK REGISTER

MONTH _____

NO.	DATE	DESCRIPTION	CREDIT (+)	DEBIT (-)	BALANCE

CHECK REGISTER

MONTH _____

NO.	DATE	DESCRIPTION	CREDIT (+)	DEBIT (-)	BALANCE

CHECK REGISTER

MONTH _____

NO.	DATE	DESCRIPTION	CREDIT (+)	DEBIT (-)	BALANCE

CHECK REGISTER

MONTH _____

NO.	DATE	DESCRIPTION	CREDIT (+)	DEBIT (-)	BALANCE

CHECK REGISTER

MONTH _____

NO.	DATE	DESCRIPTION	CREDIT (+)	DEBIT (-)	BALANCE

CHECK REGISTER

MONTH _____

NO.	DATE	DESCRIPTION	CREDIT (+)	DEBIT (-)	BALANCE

CHECK REGISTER

MONTH _____

NO.	DATE	DESCRIPTION	CREDIT (+)	DEBIT (-)	BALANCE

CHECK REGISTER

MONTH _____

NO.	DATE	DESCRIPTION	CREDIT (+)	DEBIT (-)	BALANCE

CHECK REGISTER

MONTH _____

NO.	DATE	DESCRIPTION	CREDIT (+)	DEBIT (-)	BALANCE

CHECK REGISTER

MONTH _____

NO.	DATE	DESCRIPTION	CREDIT (+)	DEBIT (-)	BALANCE

CHECK REGISTER

MONTH _____

NO.	DATE	DESCRIPTION	CREDIT (+)	DEBIT (-)	BALANCE

CHECK REGISTER

MONTH _____

NO.	DATE	DESCRIPTION	CREDIT (+)	DEBIT (-)	BALANCE

CHECK REGISTER

MONTH _____

NO.	DATE	DESCRIPTION	CREDIT (+)	DEBIT (-)	BALANCE

CHECK REGISTER

MONTH _____

NO.	DATE	DESCRIPTION	CREDIT (+)	DEBIT (-)	BALANCE

CHECK REGISTER

MONTH _____

NO.	DATE	DESCRIPTION	CREDIT (+)	DEBIT (-)	BALANC

CHECK REGISTER

MONTH _____

NO.	DATE	DESCRIPTION	CREDIT (+)	DEBIT (-)	BALANCE

CHECK REGISTER

MONTH _____

NO.	DATE	DESCRIPTION	CREDIT (+)	DEBIT (-)	BALANCE

CHECK REGISTER

MONTH _____

NO.	DATE	DESCRIPTION	CREDIT (+)	DEBIT (-)	BALANCE

CHECK REGISTER

MONTH _____

NO.	DATE	DESCRIPTION	CREDIT (+)	DEBIT (-)	BALANCE

CHECK REGISTER

MONTH _____

NO.	DATE	DESCRIPTION	CREDIT (+)	DEBIT (-)	BALANCE

CHECK REGISTER

MONTH _____

NO.	DATE	DESCRIPTION	CREDIT (+)	DEBIT (-)	BALANC

CHECK REGISTER

MONTH _____

NO.	DATE	DESCRIPTION	CREDIT (+)	DEBIT (-)	BALANCE

CHECK REGISTER

MONTH _____

NO.	DATE	DESCRIPTION	CREDIT (+)	DEBIT (-)	BALANCE

CHECK REGISTER

MONTH _____

NO.	DATE	DESCRIPTION	CREDIT (+)	DEBIT (-)	BALANCE

CHECK REGISTER

MONTH _____

NO.	DATE	DESCRIPTION	CREDIT (+)	DEBIT (-)	BALANCE